¿CÓMO ATRAIGO LA PROSPERIDAD Y LA ABUNDANCIA A MI VIDA?

El beneficio de un Coaching con Programación Neurolingüística.

D.R. © 2015, Pnl es Excelencia

Guadalajara, Jalisco, C.P. 44756

contactomariayafal@gmail.com

https://mariayafal.webnode.mx/

¿Cómo atraigo la prosperidad y abundancia a mi vida?

Primera edición, 2015

Segunda edición, 2017

Tercera edición, 2023

ISBN

978-1517652654

Dirección editorial

Ma. de Jesús Coronado Jalil

Editorial

Literatos de la Ñ

Hecho en México

Lo mejor que podemos hacer por el otro, no es sólo compartir con él nuestras riquezas, sino mostrarle cuales son las suyas.

Benjamín Disraeli.

El camello

A la luz de mis creencias religiosas enfocadas hacia el dinero, escuché un sin fin de veces la parábola donde presentaban la frase: "... Es más fácil para un camello pasar por el ojo de una aguja, que para un rico entrar en el reino de Dios." Quedaba aturdida, desde mi lógica, no podía entenderlo.

Lo tomaba textual e incluso me podía imaginar una aguja lanera (de las más grandes que yo conocía) y el tamaño del camello, el cual es considerable.

Me empapaba con la idea, la visualizaba, era verdaderamente imposible pasar a dicho animal por un pequeño orificio. En mi mente retumbó ese concepto y lo traduje conforme a mis temores: es preferible ser pobre sin un sólo centavo, a no entrar al reino de los cielos.

Con el tiempo, fue una caricia a mis oídos el saber que en aquella cultura de donde se basó ésta parábola, en su ciudad se podía observar una gran muralla que la rodeaba. Tenían como regla general, que a las seis de la tarde se cerraba la puerta principal.

Si alguien llegaba después de la hora indicada, elegía entre dos opciones, quedarse afuera con su mercancía y su camello, arriesgándose a algún asalto o bien descargaba por completo al animal para entrar por una pequeña y angosta puerta lateral, comúnmente llamada "aguja".

El camello es menos que dócil, digamos como una mula en México (para crear un contexto). El mercader sudaba por el gran esfuerzo y dejaba entrever la paciencia que tenía, al tratar que el animal se inclinara. Posteriormente lo jalaba o empujaba y de ésta forma ingresaban a la ciudad. Realmente era una odisea.

Fue un bálsamo para mi espíritu, cuando descubrí el significado oculto detrás de ésta bella historia, llena de sabiduría y que me cautiva como espectadora. Ante la presencia de Dios la persona se debe presentar sin cargas y con humildad.

Me hizo eco. El reino de Dios, lo puedo vivir en éste mundo, cuando logro tener esa paz interior. Conectándome día a día, viviendo mi presente, mi aquí y mi ahora. Percibiendo el fluir de mi propia respiración.

Desde entonces decidí soltar las creencias que me impiden ver mi vida llena de plenitud.

Ha sido un camino de escucha y de sensibilidad a los paradigmas que elijo cambiar para mejorar como ser humano e influir de manera positiva en el entorno en que me encuentre.

Un favor, necesito que el día tenga más de veinticuatro horas

A veces parece que tienes un sinfín de actividades a realizar y un día de 24 horas es insuficiente.

En la mañana percibes la prisa de los demás y corres al mismo ritmo. Escuchas el tráfico. Te desesperas si el que va adelante de ti no lleva la misma prontitud y el mismo sentido de urgencia que tú.

¿Cómo sabes si esa persona ya cambió ese paradigma y por eso se toma su tiempo para llegar a su destino? O va a algún lugar donde no quiere ni llegar, ¿para qué lo presionas? ¡Déjalo que haga su vida!

La forma de dar el tono adecuado a esto, cuando el tiempo no te alcanza; es clasificar tus actividades de la siguiente forma simplificada:

1.- Importantes

2.- Urgentes

3.- A eliminar

1) Las *importantes* son las que te acercan a tu objetivo o plan de vida. Por ejemplo: si quieres compra una casa, te concentras más,

en generar ingresos. Siempre dale la cara y préstale máxima atención a lo que te llevará a tu meta.

2) Clasifica como *urgente*, los pendientes que no ejecutaste en tiempo y forma, hablando con la verdad, los dejaste para después y en éste momento debes realizarlos antes de pagar alguna consecuencia.

Ejemplo, el pago del recibo de luz antes de que te cancelen el servicio. Toca los puntos importantes, y maneja bien la habilidad de responder a tus compromisos previamente acordados para que éste rubro de lo inaplazable desaparezca en automático.

3) Las tareas *a eliminar,* son las que te alejan de tus objetivos, sólo te quitan los más preciado que tienes, TU TIEMPO. Por ejemplo, escuchar a personas quejarse de lo mismo y jamás los ves solucionando la situación. Por favor evita meterte en camisas de once varas, tomando asuntos que ni te corresponden y que tú, nunca les vas a corregir.

¿Dónde está mi google maps?

Si te acabas de dar cuenta, de que no puedes clasificar tus actividades importantes porque no sabes ni a dónde quieres llegar, estás en un grave peligro.

Tu mente se encuentra confundida como si hubieras bloqueado tu propia cuenta de correo por haber olvidado la contraseña.

Inicia ubicando en dónde te encuentras hoy. ¿Te gusta dónde estás? Si aquel niño que eras a los siete años de edad, se presentará frente a ti ¿te diría lo feliz que se siente por tus logros? ¿Sabes desde cuando perdiste tu brújula? O más bien, ahora en tiempos informáticos no te das cuenta y te preguntas ¿en qué momento borré la aplicación de mi celular u olvidé cual era el link para acceder a mi propio Google Maps?

Si lo anterior a ti no te ha sucedido, te mereces una cálida felicitación, vas por buen sendero. De lo contrario estás en la mejor oportunidad de tu vida para hacer uso de tus recursos y habilidades que ya traes incluidas.

Esa chispa de creatividad que usabas desde pequeño de la cual tenías en una gran dosis, pregúntale (si te es posible) a las personas que te cuidaban cuando eras pequeño; siempre tenías cada ocurrencia (accede a tu memoria fotográfica) y recordarás que nada, ni nadie te detenía para lograr tu meta (tu divertida travesura).

Pon las cartas sobre la mesa y expresa ¿qué quieres lograr el próximo mes a nivel personal, familiar, económico, de pareja o profesional?

¿Y dentro de seis meses... o el próximo año que actividades te imaginas haciendo? Así de fácil como a veces planeas tu fin de semana; haz una lista de lo que quieres lograr con todo tu ser, ponle fecha y ponte mano a mano y señala ¿cuál es el primer paso para avanzar?

Comienza hoy a encender tu GPS que tienes dentro de tu propio cerebro, que tu google maps comience a indicarte la ruta hacia las ideas creativas que te empoderan; porque esas líneas quedarán escritas en el mapa de tu vida que deseas. Serán cómo los señalamientos del mejor camino para alcanzar tus sueños.

¿Por qué me estreso?

Si resuena en tu mente la palabra estrés, o bien, alguien te haya dicho "estás estresad@", es algo que hoy en día parece una moda o ley a seguir.

¿Quieres saber la causa de por qué te sucede esto? ¿Te lo digo en este momento? ¿O lo sabes por intuición y conoces la causa a la perfección? Si ya sabes de antemano a que se debe, pasa a la página 16.

Ya vi que quieres saberlo. Cuando te dedicas a hacer miles de actividades y éstas no son importantes por lo general te estresan. Lo mismo sucede cuando no tienes un plan de vida, te pones la camiseta de la empresa donde laboras, pero no sólo la sudas, si no muchas veces hasta la sangras; porque hasta olvidas saborear tus alimentos, tu salud se afecta, abandonas tus diversiones, quizá hasta rompes la comunicación con tus seres queridos cuando regresas a casa porque te desplomas como costal vacío por el exceso de cansancio.

¿Y por qué es tan importante evitar el estrés?

Con cada pensamiento negativo, de enfado, de derrota, genera emociones; por ejemplo: ¡Voy a llegar tarde! ¡No podré terminar este trabajo! Y efectivamente todo te sale mal. Toda la letanía que pronunciaste la ejecutas durante el día, al pie de la letra, de forma inconsciente. No sé si a ti te pase que tienes sueños de ansiedad, alterándote. O bien, giras sobre la cama intranquilo en la noche y la sombra del insomnio te cobija.

Esto produce químicos que dañan tus células y te das cuenta de esto cuando ya el dolor no te deja ni trabajar.

Tienes colitis, gastritis, úlceras, migraña. Prácticamente todos los medicamentos que anuncian en la televisión, te quedan como anillo al dedo y quizá... hasta te faltan.

¿Acaso corres a la tienda de la esquina a comprar una pastilla para calmar o callar tu malestar? Erróneamente lo haces sin cuestionarte, ni darte tiempo para reflexionar qué te está expresando tu hermoso cuerpo. ¿Será algún mensaje para que dejes de hacer algo o es una señal de que empieces a ponerte en acción?

Tranquil@, no te me alteres, ya cargas como polaina en pleno maratón una buena dosis de estrés, por decisión propia, para que le agregas más.

Enciende la maravillosa y veloz opción para mejorar la situación que vives y que te desagrada a través de las poderosas técnicas de Programación Neurolingüística (¿neuro qué? Relájate y respira profundo... De nuevo respira...) Se abrevia como PNL.

¿Para qué sirve la Programación Neurolingüística?

La Programación Neurolingüística, la cocrearon el Dr. Jonh Grinder y el Dr. Richard Bandler. Tomaron la experiencia y modelaron a los grandes terapeutas de los años setentas como Milton Erickson, Virginia Sátir, Fritz Perls. Miraron bajo la lupa sus resultados sorprendentes; tenían un estilo magistral y sus pacientes lograban salir adelante. Sacaron la mejor tajada de ellos y crearon las técnicas de PNL.

Hoy en día son muy utilizadas por los efectos tan gratos que obtienen las personas que reciben un Coaching con PNL.

Desde la primera sesión, (guiadas por un Coach certificado) establecen a dónde quieren llegar (meta).

Se aplica para todo, desde poner un negocio, mejorar la salud, conseguir pareja, recuperarla o alejarla (cada quien como le va en la feria). Tener más prosperidad en la vida, vender más, ascender en el trabajo... hasta como dicen en el tianguis (mercado ambulante) "que anda buscando, pásele marchanta" "esto te sirve hasta para las uñas enterradas."

Estás en este mundo para ser feliz, pleno; si aún no lo eres, ¡arréglalo, mi vida! Que el tiempo corre cada vez más rápido. Y si no me crees revisa qué frecuencia actualmente está vibrando el globo terráqueo.

El 5% de tus acciones son conscientes y 95% son inconscientes, ¿sorprendente verdad?

Quiere decir que el inconsciente es tan hábil que se encarga de todo aquello que protege tu vida como respirar, el latido del corazón, tu plan de vida (aunque a veces lo ignoras y me han platicado, que ni atención le prestas cuando te distraes con el celular).

La PNL actúa sobre el inconsciente.

Dentro de tu mente está registrada toda la información, si TODO, hasta el mayor de tus secretos; desde que estabas en aquel ambiente acogedor del vientre de tu mamá hasta el día de hoy, tu cerebro registró a través de las redes neuronales todo lo que has visto, sentido y escuchado.

De ahí radica que debes cuidar tus neuronas por eso se dice que a los bebés no debemos zangolotearlos y si te embriagas, el día siguiente no sabes dónde está el piso ni quien está moviendo el control remoto del techo ya que lo ves que gira sin parar.

¡Cuidado! Cada vez que te ahogas en el alcohol pierdes neuronas y nunca más las recuperarás.

Son muy sentidas, ni llevándoles serenata ni enviándoles imágenes lindas a través WhatsApp regresan (como en las redes sociales, te bloquean).

También quiero remarcar: el inconsciente actúa bajo tres premisas:

a) es literal.

b) sin sentido del humor.

c) sin análisis.

Si al despertar te expresas: "Que flojera" y luego por casualidad te pegas con la base de la cama y dices "mens@" de seguro todo el día estarás atontad@ y con esa tonelada de antipatía que cargas para evitar hacer tus actividades y luego te quejas de por qué no logras lo que te propones.

Y luego te desesperas, porque olvidaste las llaves dentro del auto, no llegaste a tiempo, en el trabajo te das cuenta que eligieron a otro en lugar tuyo y ni siquiera se lo merecía y lanzas un grito de desesperación que te desquebraja por dentro: "¿por qué Dios mío te encajas conmigo habiendo tantos seres humanos en este planeta?"

Como muchas veces saturas la red de la corte celestial, ya tienen un auto respondedor que te envía el mensaje "No te hagas, te vi en la mañana, te levantaste y así elegiste tu día. Búscame cuando tengas algo nuevo que contarme. Seguimos en contacto."

Lo mismo acontece cuando te indico: piensa en un ratón azul, acaricia su suave pelaje, trae un sombrero de bruja y tal cual, te lo imaginas, aunque nunca lo hayas visto de verdad, ni en caricatura.

Justo por eso, debes sintonizar, sincronizar o descargar la aplicación a tu cerebro llamada "prosperidad y abundancia", desde el momento que te levantas actívalas, agradeciendo porque tienes donde dormir, sandalias, un baño, un sinfín de cosas que

dejas muy fácil de advertirlas en tu día a día
por las prisas.

Lo sentimos la aplicación no es compatible con su equipo

Alguna vez has notado éste mensaje cuando intentas descargar una aplicación en tu computadora o celular.

Hay cierta similitud con tu cuerpo, cuando realizas actividades que no van de acuerdo al plan de vida que tienes incrustado en tu ADN, las señales de insatisfacción, de bloqueo comienzan a surgir muy sutilmente, si no les prestas atención se agudizarán. Y una bola de nieve es imparable.

Cabe señalar si encausas tus actividades de acuerdo a tus valores, a lo que te gusta, te apasiona y te hace sentir feliz, será una gran ayuda para generar pensamientos, palabras y acciones positivas que, a su vez, se desborden en químicos saludables para tu organismo.

Empieza desde hoy a crear tu futuro lleno de plenitud. Y descarga tus emociones, sin dañar a otros, ni creando dramas innecesarios (recuerda no estás haciendo, en este momento, casting para actuar en Broadway).

Del otro lado del desierto

En las noches de luna llena mi abuela nos contaba diferentes historias. Recuerdo muy bien la vez que nos platicó, que había un río en un poblado cercano.

Todos los días el río se paseaba por el mismo sendero cercado de arbustos. En sus inicios su cauce era grande.

Entonaba canciones y silbidos que poco a poco con el tiempo fueron disminuyendo. Comenzó hacer de aquella travesía un verdadero vía crucis, pues se aburría demasiado.

Un día fresco, llegó el viento saltarín y le comentó:

- ¡Río, te tengo una gran noticia!

- ¿Qué pudiera ser una gran noticia en este día con tanto ventarrón?

-Encontré un paraíso del otro lado del desierto y creo que tú, debes conocerlo.

- ¿Del otro lado del desierto? Suena muy lejos, imposible llegar hasta allá.

-Vamos amigo, mínimo inténtalo.

- ¿Tan seguro estás que será de mi total agrado?

-Claro que sí, te sentirás libre.

-Si es así, déjame pensar...ah ya sé, voy a embestir todo lo que se ponga en frente para poder llegar hasta allá.

Así lo hizo, comenzó a golpearlo todo con tal fuerza que se desbordó y llegó al desierto.

Y cual va siendo su sorpresa, el desierto inició a absorberlo de tal manera que le era imposible avanzar.

-No me voy a rendir... ¡Ya sé! Lo voy a rodear.

Emprendió su camino y al cabo de algunas horas, se dio cuenta de que no había ninguna esquina que le indicara donde dar vuelta, era una larga sábana lisa, color marrón sin costuras.

Derrotado se quedó quieto. El sol que había estado observando la facilidad con la que se daba por vencido, le expresó:

-No te quedes ahí pensando, yo te puedo ayudar

-De verdad, ¿cómo puedes ayudarme?

-Sólo deja que mis rayos te hagan cosquillas.

-Sí, seré prudente.

El sol comenzó a hacer reír al río, a tal grado que ni siquiera percibió los grados elevados de temperatura. Esto provocó que el agua comenzara a evaporarse.

Enseguida el viento se acercó y lo empujó sutilmente, desplazándolo del otro lado del desierto. Se formaron una gran cantidad de nubes y en el momento preciso descendieron en forma de lluvia.

Descubrió que pudo lograrlo sencillamente.

Admiró y disfrutó con gran placer aquel paisaje playero, de arena blanca que contrastaba con los tonos azulados del mar.

Una historia cotidiana de Aladino y la lámpara maravillosa

Te pregunto ¿qué pasaría si el genio de la lámpara maravillosa aparecieran ante ti y te ofreciera darte tres regalos? Y tu inmediatamente respondes:

-Quiero tener dinero, amor y salud. Entonces escuchas que el genio te lanza otra pregunta:

- ¿En este momento estás sano?

-Sí, claro

-Concedido, tu deseo de la salud

Te quedas sorprendido y antes de que emitas algún sonido de protesta, te muestra una moneda antigua que se usaba en tu niñez.

-¿Crees que esto sea dinero?

-Sí, es una moneda de cinco pesos.

-Te la regalo para cumplir tu deseo del dinero.

Tu ceño se frunce y tu mente comienza a preparar un fuerte contraataque, pero el muy orondo del genio se acerca y te da un beso en la mejilla, tú te asombras, y te comenta:

-En tu opinión, ¿un beso es una muestra de afecto?

-Por supuesto.

El genio comienza a canturrea, ¡concedido, concedido... ¡Ya te di también amor!

Cuando estás a punto de reclamarle al portentoso genio, se vuelve de humo y se difumina en el aire.

La falta de precisión es como un compañero constante que te guía a la deriva todos los días. La clave está en ser específico, claro y objetivo sobre dónde deseas llegar.

Esto permite que tu mente navegue eficientemente a través de las múltiples opciones, eligiendo el camino más directo hacia tus metas.

La precisión es la brújula que te acerca rápidamente a tus objetivos en lugar de perderte en el laberinto de posibilidades. 🎯✨

#ClaridadMental

#ObjetivosConcretos

#PrecisiónMental

#RumboAlÉxito

#MetasClaras

#EnfoquePositivo

#LogrosPersonales

Re-encuadre de frases comunes acerca del dinero

Érase una vez, aquellas frases de antaño... Pareciera que estaban grabadas sobre piedra y que hasta hoy en día las escuchas, referente a temas de dinero.

¡Lávate las manos porque agarraste dinero!

¿Acaso es dinero deshonesto o porqué es malo agarrarlo?

Veamos qué sucede si cambiamos el contexto:

"Cuenta tus millones y ya que termines, si vas a comer, lávate las manos por aquello de los microbios."

¡El dinero no lo es todo en la vida!

Y si tienes algún proyecto o sueño que implica dinero, inclusive si son metas altruistas, para iniciar una fundación de caridad se requiere del apoyo económico. Evita tener un desbalance entre las actitudes y las acciones.

"El dinero es la energía que trae beneficios a mi vida y a todos los que me rodean"

El dinero es una parte fundamental sobre todo cuando se te presenta alguna oportunidad de negocio, un funeral, una urgencia médica. Notarás que sientes mucha tranquilidad cuando cuentas con el dinero suficiente para pagar, en dichas circunstancias.

Hay un millar de cosas en éste planeta que se negocian con billetes, porque así funciona la economía ya que como parte de los siete pilares que deben estar en equilibro, (agricultura, cultura, tecnología, economía, educación, política y espiritualidad).

Como humanidad hay que dar pasos firmes por ese camino de conciencia colectiva para una estabilidad entre estos siete rubros.

Iniciar aumentando la frecuencia de tus risas es como dar el primer paso para cambiar la vibración de un estrés constante e innecesario. La risa, esa vibración positiva, te ayuda a subir el escalón hacia una mentalidad más alegre y ligera. 🌟😊 #RisasSanadoras #BienestarEmocional #CambioPositivo #EnergíaPositiva #AlegríaDeVivir #EscalónHaciaLaFelicidad #VibraciónPositiva

Dime con quién andas...

Una dinámica para aumentar tu prosperidad y dar pasos seguros hacia el éxito, es juntarte con gente de la cual puedas aprender algo. Modelarla sería excelente.

Las personas exitosas se proponen una meta y buscan opciones de cómo SI alcanzarla.

Algunos de ellos desde niños sus padres o tutores fomentaron su creatividad, y los apoyaron en lo que expresaron desde pequeños; por mencionarte ejemplos: encontramos a Steven Spielberg (Director de cine), Gilliam Lyan (Coreógrafa de Cats)

Una parte latente en ellos era la alta dosis de fe en sí mismos.

Otro ejemplo, es el futbolista mexicano Hugo Sánchez, después de cada entrenamiento daba el extra, porque sabía que ese era el rumbo para alcanzar sus sueños.

Busca videos de personas exitosas acorde a tu meta. Observa y analiza sus acciones.

Las palabras: "eres el reflejo de las cinco personas con las que más convives" cada día hace más eco. Presta atención en las actitudes, ingresos económicos, proyectos.

¿Crees que debes empezar a reunirte con personas con una mentalidad diferente?

Si en tus reuniones sociales sólo se habla de problemas, no creo que esto te ayude a mejorar tu salud emocional, porque si pasas más de una hora escuchando cosas negativas, imaginando los problemas del otro que te ponen a veces a flor de piel los sentimientos, esto se vuelve como si tu realmente los estuvieras viviendo.

Es un cúmulo de información desagradable, en ocasiones hasta creas miedos y generas estrés innecesario. Comienzas a pensar que es posible que, a ti, te pase lo mismo por el sólo hecho de haberlo escuchado, cuando en realidad no tiene nada que ver.

No sé si tú seas una persona que cuenta con lujo de detalle todooooos sus problemas. Y lo peor, los repites una y otra vez. Sé sincero y honesto contigo, analiza esa actitud.

Recuerda que cuando criticas alguna manera de ser de otra persona, es el mejor indicativo o tu reflejo, de algo que tienes, pero que aún, no reconoces, ni admites.

Otro punto a considerar es el amor incondicional, que va ir disminuyendo cuando te quejas (si de cualquier cosa o persona) y aumentando cuando aceptas o ves la intención positiva detrás de la situación. ¿En qué nivel de amor incondicional te encuentras hoy?

Un tema sumamente significativo es que necesitas veintiún días para generar hábitos. Las células de tu cuerpo en 21 días se regeneran, incluso algunas como las de la piel en sólo siete días, ¡sorprendente!

Por tanto, si el poder de la creación ya está instalada en tu cuerpo, sólo es cuestión de comenzar a sacarle el mayor provecho.

Quieres crear un buen hábito, por ejemplo: el hacer ejercicio y no estás ni un poco acostumbrado, inícialo haciendo un minuto al día, luego al día siguiente dos minutos y así, irle subiendo para establecer una constancia en hacerlo, hasta el tiempo que tu cuerpo necesite.

La diversión de esto radica en disfrutar el proceso para mejorar tu salud, y fortalecer tus órganos.

Enfoca tus acciones donde palpes la felicidad, antes de que te amargues la vida.

También el comer alimentos vivos como las frutas, verduras, semillas, ya que estos por su propia naturaleza te aportan energía y vitalizan tu vida para realizar con alegría tus actividades cotidianas.

Prueba con una dieta mental, eliminando las cosas negativas, como noticieros alarmantes.

Evita acarrear pensamientos negativos que fluyen en el aire y que denotan violencia en el ambiente.

Dejar de ser una víctima y asumir la responsabilidad de tus decisiones transforma tu mundo para bien.

💪✝️✨ #EmpoderamientoPersonal #Responsabilidad #CambioPositivo #TransformaciónInterior #DecisiónPropia #PoderInterior #AutonomíaEmocional #BienestarTotal

¿Te gusta el color rojo?

Sobre todo, cuando te queda una marca roja en el cuerpo por la ropa ajustada, es señal de que tienes la fabulosa oportunidad de hacer algo para bajar de peso o bien buscar una talla más adecuada, tampoco el tono de color rojo, es agradable verlo en tus propias finanzas.

Si continuamente te quejas que no ganas lo suficiente creo que tienes una magnífica opción de salir de tu zona de confort. Es triste decirlo, pero cada quien está donde sus pensamientos, emociones y acciones, lo han guiado en los últimos años ¿Te gusta dónde estás actualmente?

¿O tienes frente a ti una gran razón para cambiar?

Vislumbra que todo implica retos, desde un nuevo empleo, un ingreso adicional, emprender un negocio, rentar un inmueble, tú decides qué paso quieres dar o si prefieres seguir en el mismo charco que quizá, ya está enlamando.

Tres formas de ingresos extras

He tenido la oportunidad de ser asesorada por el equipo de Robert Kiyosaki (Rich Dad). He leído sus libros, algo que me parece interesante compartirte para tu libertad financiera. Ésta dará inicio cuando tus ingresos sean mucho mayores a tus gastos, es decir ganas más dinero, de todo lo que compras. Los ricos primero crean sus diferentes fuentes de ingreso y luego adquiere los lujos.

Existen tres principales formas en la actualidad de generar ingresos extras:

• Franquicias

- Networking

- Negocio por Internet

Las franquicias, su inversión es elevada, pero si tienes el dinero adquiere una. Lo puedes recuperar en tres años aproximadamente. Son negocios rentables porque tienen sistemas y procedimientos establecidos que realmente funcionan. Te recomiendo elegir una acorde con tu personalidad y que las actividades o giro sea de tu total agrado.

Te va ayudar a fluir en el proceso de las decisiones.

El **networking**, es una excelente opción, existen algunas de inversión muy accesible

La **red de mercadeo** te enseña sobre los productos, el trabajo en equipo, el crecimiento de las redes de mercadeo, te premian por ingresar personas con bonos altamente atractivos además de que ganas por la venta de sus productos, es ideal para organizarte con el manejo de tus tiempos ya que no estás atado a un horario de trabajo.

Puedes conocer personas, tener éxito y lograr un desarrollo personal y capacitación constante. También puedes "retirarte" o "jubilarte" ya que al hacer que tu red esté funcionando de manera fluida te puedes dar ese lujo. Es sólo cuestión de seguir los lineamientos del sistema de negocio.

Si te apasiona viajar y más si es gratuito, esta es una excelente opción que te servirá como trampolín para alcanzar tus sueños. Aquí el límite lo pones tú.

Los negocios por internet, son una herramienta para generar dinero. Los próximos millonarios serán gracias al internet, la inversión es modera, se requiere conocimientos informáticos, estrategias de marketing y posicionamiento en redes sociales.

En lo personal te puedo ofrecer el servicio de marketing con programación neurolingüística para que los resultados sean más efectivos y rápidos

¿Cuál es tu verdadero para qué?

El mejor precio que puedes pagar, para transitar hacia el éxito, es el sacrificio, entendiendo esto, como hacer un cambio para obtener algo mucho mejor.

Es importante ver con claridad y definir con precisión cuál es tu Razón de hacer las cosas.

Puedes expresar que quieres ganar dinero, ¿estás seguro que sólo es por más billetes? Escudriña que hay detrás. Puede ser, viajar por el mundo, darle una mejor educación y nivel de vida a tu familia, comprar una casa, dejar un negocio rentable a tus hijos, ayudar a tus padres. Por mencionar algunas, las verdaderas razones muy comúnmente se fundan en el amor hacia tu persona o hacia alguien más.

Dar en el clavo de por qué hacemos lo que hacemos, será tu mejor empuje y motor para buscar siempre el CÓMO SI LO PUEDES LOGRAR.

Usa como si fuera amuleto la frase, "Si puedo, es fácil y lo voy a hacer". También alguna vez escuche "Si tú puedes, yo también." Dilas con energía y confianza en ti.

También detrás de tus propias historias de éxito se puede encontrar cuál es tu cometido personal. Conoce cuál es la fuerza que mueve a tus empleados, compañeros de trabajo, socios, a la gente con la que trabajas, para crear un equipo robusto. De ahí se consolida un fuerte pilar que sostendrá tu éxito.

Yo soy abundancia

Michael Losier mencionó en una conferencia a la cuál asistí:

Para que la ley de la atracción haga su magia se requiere

1.- Enfócate todo el día en la abundancia, todo aquello a lo que dices "gracias" es un punto clave de prosperidad. Créete que es por tu persona, agradece y siéntete bendecido, no se trata de sólo cinco minutos de pensamientos positivos y 23 horas con 55 minutos vibrando negativamente.

Cuando tu energía tiene ese imán de atraer los resultados que deseas (la ley de la atracción es como la gravedad funciona las 24 horas del día), hazte consciente de ello.

Al final del día haz una lista de por lo menos diez cosas que detectaste en el día por las cuáles tu boca o pensamiento emitió un "gracias".

2.- Que tu lista se una plana de lo que quieres, deseas, anhelas y usa la frecuencia de las palabras correctas.

3.- Permite que la abundancia llegue a tu vida, abre tus brazos para recibirla. Recuerda las miles de veces que has logrado algo, esa es, tu mayor evidencia. Lo que haya sido, evita clasificarla en grande o pequeña; por ejemplo: el día que alcanzaste a llegar a la sucursal bancaria antes de que cerraran; subirte al camión a tiempo o al último tren, todo, todo, todo es una prueba de que eres capaz de lograrlo; superar un divorcio, pasar un examen, conquistar a alguien, conseguir un aumento de sueldo, cambiar de trabajo...

Si traes una serie de creencias desde niño que te lo impiden, es cuestión de guiarte para eliminar esos virus mentales.

4.- Como un aparato acústico, bájale a la duda y súbele el volumen a tus deseos.

¡Qué abundante soy en la vida!

Fortaleza

El construir unos buenos cimientos, te garantiza que un edificio se mantenga firme a lo largo del tiempo y las personas que pasen frente a ésta obra, admiren su belleza. Sobre todo, en tus proyectos pon siempre primero a tu familia.

La fortaleza de una persona se mide por su capacidad de soltar. Comienza a desgranar todo lo que te ata a tu pasado. Principalmente aquello que recuerdas con lujo de detalle, fecha exacta, hora, evento, vestuario.

Déjate fluir y sopla como burbujas de jabón en el aire que desaparecen, todo aquello que te hicieron o que hiciste, la varita mágica que embellece tu vida es el perdón.

Un perdón sanador, es reconocer que a través de esa experiencia por más dolorosas que esta haya sido, sigues vivo y que obtuviste a cambio un gran aprendizaje.

Tuve la fortuna de escuchar posiblemente en la última de sus conferencias al Dr. Don Miguel Ruiz (autor del libro: "Los cuatro acuerdos") donde nos expresaba los siguiente y con esto quiero cerrar.

Graba en tu corazón que el día final de tu vida será, ese día del juicio final, un juicio final donde será la última vez que te auto-juzgas, deja a un lado el tumulto de tragedias que no tienen ningún sentido arrástralas como plomo ya que te impiden avanzar a hacia la prosperidad de una vida plena, de abundancia, de dicha y de paz interior. Esa abundancia que transforma, que te hace transcender y de crecer como ser humano.

El día en que tú decides, crear tu propia vida de fortuna, de bienestar, en que sueltas todo como aquel camello para ir ligero por esta vida disfrutando tu propio presente, tu creativo presente.

Sin estar sufriendo por el pasado, ni muriendo de ansias por el futuro, viviendo un día a la vez, una hora a la vez, un minuto a la vez, un segundo a la vez porque los compañeros de viaje a veces son por segundos, por minutos, por horas, por semanas o por años.

Tu propio ser, tu propio personaje que has creado, a lo largo de tu vida ese te acompañará por siempre. Se te ha dado la libertad de cambiarlo de escenario, de co-protagonistas, y de llevarlo al maravilloso mundo donde la salud y la tranquilidad sean tus fieles compañeras de viaje.

Mi eterna gratitud por tu valioso tiempo. Seguimos en contacto, nos vemos y escuchamos haciendo uso de la tecnología en donde quiera que te encuentres.

Un abrazo lleno de bendiciones.

Mariam Jalil

Índice: